幸せを語る
ネコ

Purr-fect
Happiness

語る

ネコ

晴山陽一

絵 おかやまたかとし

はじめに

　私はネコを3匹飼っています。オスが2匹とメスが1匹です。ネコがいる暮らしは、もう40年以上になります。いつも視野のどこかにネコがいる生活です。

　この本はネコに関する楽しい名句やことわざを集めて編んだものです。ネコを飼っている私には、いろいろ思い当たるふしのある言葉ばかりでした。

　ネコは、喜びや安らぎを与え、想像力をかきたて、人生について大事なことを教えてくれ、自由に生きることの素晴らしさを伝えてくれます。

　ネコはある時は美しい装飾品であり、ある時は寡黙な哲学者です。

　ネコはわざわざ語ることはしませんが、そのたたずまいや行動で、幸せとは何かを問いかけているようです。

　この本の中の言葉のひとつに、こういうのがあります。

「見知らぬネコと親しくなる術を知っていれば、いつでも幸せに恵まれる」。

　どうかこの本を読んで、たくさんのネコたちと友達になってください。

　ネコのゴロゴロはこの世で最高の音楽です。さまざまな名言とともに、私たちの心を癒してくれるネコたちのゴロゴロをお届けしたいと思います。

🐾　晴山陽一

幸せを語るネコ　contents

1

ネコは「喜び」を
運んでくる

ネコに愛されるほど
素晴らしい贈り物はあるだろうか？

チャールズ・ディケンズ

What greater gift than the love of a cat?

Charles Dickens

ネコは慰めであり、喜びである。

バーバラ・ホランド

A cat is our relief and our reward.

Barbara Holland

見知らぬネコと親しくなる術を
知っていれば、
いつでも幸せに恵まれる。

アメリカのことわざ

You will always be lucky if you know how to
make friends with strange cats.

American Proverb

ネコがベッドに寝てもいいと言っ
てくれている。
ベッドの端でなら。

ジェニー・デ・フリース

A cat allows you to sleep on the bed. On the
edge.

Jenny de Vries

ネコの調教は難しいと言われてい
たが、そんなことはないね。
私のネコはたった2日で私を調教
してしまった。

ビル・ダーナ

I had been told that the training procedure
with cats was difficult. It's not. Mine had me
trained in two days.

Bill Dana

わが家のネコと戯(たわむ)れて、
私とネコのどちらが気晴らしさせ
てもらっているのやら。

　　ミシェル・E・ド・モンテーニュ

When I play with my cat, who knows if I am
not a pastime to her more than she is to me?

　　Michel E. de Montaigne

子ネコを前にして、
真面目くさった顔をしているのは
不可能だ。

シンシア・E・ベルナド

It is impossible to keep a straight face in the
presence of one or more kittens.

Cynthia E. Vernado

ネコほど家を
和気あいあいにするものはいない。

グラディス・テイバー

Nothing makes a house cozier than cats.

Gladys Taber

子ネコは家族の喜びだ。
ずば抜けた役者が一日中喜劇を演
じてくれる。

ジュール・シャンフルリ

A kitten is the delight of a household. All
day long a comedy is played out by an
incomparable actor.

Jules Champfleury

あたかも優美な花瓶のように、
ネコはじっとしていても、
流れるようだ。

ジョージ・F・ウィル

Like a graceful vase, a cat, even when
motionless, seems to flow.

George F. Will

ネコは生きた装飾品だ。

エドウィン・レント

Cats are living adornments.

Edwin Lent

ネコのいる家には、彫像は必要ない。

ウェスレー・ベイツ

There's no need for a piece of sculpture in a home that has a cat.

Wesley Bates

2

ネコは「安らぎ」を
与えてくれる

ネコが座るところには、
必ず幸福がある。

スタンレー・スペンサー

Wherever a cat sits, there shall happiness be
found.

Stanley Spencer

ネコ愛好家だけが、
毛皮をまとった、音の出る決して
冷めない湯たんぽの贅沢<ruby>贅沢<rt>ぜいたく</rt></ruby>さを知っ
ている。

スザンヌ・ミレン

Only cat lovers know the luxury of fur-coated,
musical hot water bottles that never go cold.

Susanne Millen

ネコたちと一緒に寝るのに困るの
は、添い寝でなく、上に乗りたが
ることだ。

パム・ブラウン

The trouble with sharing one's bed with cats
is that they'd rather sleep on you than beside
you.

Pam Brown

人間はネコや犬に、
人間よりも人情味あふれて接する
ことがよくある。

　　　ヘンリー・デイビッド・ソーロー

It often happens that a man is more humanely
related to a cat or dog than to any human
being.

　　　　　　　　　　　Henly David Thoreau

私にとって
ネコと交わる楽しみのひとつは、
ネコが献身的に安らぎを与えてく
れることだ。

コンプトン・マッケンジー

For me, one of the pleasures of cats' company
is their devotion to bodily comfort.

Compton Mackenzie

人間を知れば知るほど
私のネコが愛おしくなる。

デイジー・ヘイ

The more I see of men, the more I love my cat.

Daisy Hay

ネコは作家にとって危険な友だ。
なぜならネコ観察こそ執筆回避に
申し分ない手段だから。

ダン・グリーンバーグ

Cats are dangerous companions for writers
because cat watching is a near-perfect method
of writing avoidance.

Dan Greenburg

ネコたちと過ごした時間は、
決して時間の無駄づかいにはなら
ない。

　　　　　ジークムント・フロイト

Time spent with cats is never wasted.

　　　　　　　　　　　Sigmund Freud

人生の悲惨から逃れる術<ruby>術<rt>すべ</rt></ruby>がふたつ
ある。
音楽とネコだ。

アルベルト・シュバイツァー

There are two means of refuge from the
miseries of life: music and cats.

Albert Schweitzer

賞賛などどこ吹く風、くつろいで
足をさすりながら思いをはせる。
ネコってなんて楽しいのだろう！

クリストファー・モーリー

He sits, regardless of applause, and thinking,
as he kneads his paws, what fun to be a cat!

Christopher Morley

ネコの長くて白いヒゲがくすぐる
ものだから、毎日笑いが絶えなか
った。

ジャネット・F・フォール

Because his long, white whiskers tickled, I
began every day laughing.

Janet F. Faure

ネコは炉端の仲間だ。

エドワード・E・ホワイティング

The cat is the companion of the fireside.

Edward E. Whiting

chapter 3

ネコは「愛」を
語る

ネコを愛せば
女性理解に本当に役立つ。

ジョン・サイモン

I have found my love of cats most helpful in
understanding women.

John Simon

ネコの世話が上手な人は、
望み通りの幸せな結婚をする。

フランスの言いならわし

Whoever cares well for cats will marry as
happily as she should wish.

French Saying

ついでに言うと、ネコは結婚がう
まくいくようにウォーミングアッ
プしてくれる。
家での居場所を教えてくれるのだ。

ポール・ギャリコ

Cats, incidentally, are a great warm-up for a
successful marriage — they teach you your
place in the household.

Paul Gallico

女性は気の小さい男を好まず、
ネコは慎重なネズミを好まない。

　　　　　H・L・メンケン

Women do not like timid men. Cats do not like
prudent rats.

　　　　　H. L. Mencken

空腹なネコに、掛け値なしに
「私のこと好き？」などと聞いても
しょうがない。

ルイス・J・カムティ博士

Never ask a hungry cat whether he loves you
for yourself alone.

Dr. Louis J. Camuti

ネコを愛するには
ネコの言いなりにならなければな
らない。

ピーター・グレイ

One must love a cat on its own terms.

Peter Gray

047

お気に入りのネコと同じような
愛情をもって人に接したら、
みんな喉を鳴らして満足するだろう。

マーティン・バクスバウム

If we treated everyone we meet with the same
affection we bestow upon our favorite cat,
they, too, would purr.

Martin Buxbaum

ネコと人間が
良好な新しい関係を築く鍵は、
忍耐にある。

　　　　スーザン・イースタリー

The key to a successful new relationship
between a cat and human is patience.

　　　　　　　　　　Susan Easterly

ほとんどの場合、
ネコはネコ同士よりも
人間や犬とのほうが順応しやすい
ものだ。

ロジャー・Ａ・カラス

In almost all cases a human being and even
a dog is easier for a cat to accommodate than
another cat.

Roger A. Caras

パパとママの違いはね、
ママは道徳を愛し、
パパはネコを愛してるってこと。

スージー・クレメンス
［マーク・トゥエインの娘］

The difference between Papa and Mamma
is that Mamma loves morals and Papa loves
cats.

Susy Clemens
[Mark Twain's Daughter]

ネコは感傷の対象になるのを嫌
がる。
抱きしめられたくないって?
そうに決まっている。

サマンサ・アームストロング

A cat refuses to be the object of sentimentality
— if she doesn't want to be cuddled, that's it.

Samantha Armstrong

男はネコのようだ。
追いかければ逃げるし、無視して
座っていると喉を鳴らして足元に
寄ってくる。

ヘレン・ローランド

A man is like a cat; chase him and he'll run ...
sit still and ignore him and he'll come purring
at your feet.

Helen Rowland

chapter 4

ネコは「豊かさ」を
気づかせる

ネコはすべてのものに
目的があるとは限らないことを
教えてくれる。

ギャリソン・キーラー

Cats are intended to teach us that not
everything in nature has a purpose.

Garrison Keillor

日常の些事に無頓着で完全にリラックスしているネコを見て、
うらやましく思わない人間なんているだろうか。

　　　　　　カレン・ブレードメイヤー

Who among us hasn't envied a cat's ability
to ignore the cares of daily life and relax
completely?

　　　　　　Karen Brademeyer

日々が駆けめぐるのは、
子ネコが自分の尻尾を追いかけて
回るようなもの。

H・L・メンケン

The days chase one another like kittens chase
their tails.

H. L. Mencken

子ネコほど大胆な探検家はいない。

ジュール・シャンフルリ

There is no more intrepid explorer than a kitten.

Jules Champfleury

ネコに名刺を買ってあげなさい。
人間より知り合いが多いから。

バリー・ペイン

Buy visiting cards for the cat; she knows a lot
more cats than we know people.

Barry Pain

ネコは誰も彼もに好かれたいのではなく、
自分が愛することにした人からだけ好かれたい。

ヘレン・トムソン

A cat does not want all the world to love her
—only those she has chosen to love.

Helen Thomson

ネコは飼い主の心、性格、態度を
うつす鏡だ。
ちょうど犬が飼い主の体形をうつ
す鏡であるように。

ウィナフレッド・キャリヤー

The cat is the mirror of his human's mind,
personality and attitude, just as the dog
mirrors his human's physical appearance.

Winifred Carriere

ネコを尊敬するのは
美的センスの芽生えである。

エラスムス・ダーウィン

To respect the cat is the beginning of the
aesthetic sense.

Erasmus Darwin

ネコは毛皮を着た芸術愛好家だ。

テオフィール・ゴーチエ

The cat is a dilettante in fur.

Théophile Gautier

5

ネコは「知恵」を
授けてくれる

ネコはめったに誰かの権利を侵害
したりしない。
人生をややこしくする愚行に陥ら
ない知恵があるのだ。

カール・ヴァン・ヴェクテン

The cat seldom interferes with other people's
rights. His intelligence keeps him from doing
many of the fool things that complicate life.

Carl Van Vechten

私は多くの哲学者とたくさんの
ネコたちを研究してきたが、
ネコの知恵のほうが断然まさって
いる。

イポリット・テーヌ

I have studied many philosophers and many
cats. The wisdom of cats is infinitely superior.

Hippolyte Taine

賢いネコは、そのそぶりを見せない。

H・G・フロマー

The smart cat doesn't let on that he is.

H. G. Frommer

犬は呼ばれたらやって来る。
ネコは耳に入れておいて、
あとで寄って来る。

ミッシー・ディズィック＆メアリー・ブライ

Dogs come when they're called; cats take a message and get back to you.

Missy Dizick and Mary Bly

動物が話せたとしたら、犬は不器用で率直な正直者なのであろう。でもネコはたぐいまれなる上品さを持って寡黙(かもく)でいるだろう。

フィリップ・ギルバート・ハマトン

If animals could speak, the dog would be a blundering, outspoken, honest fellow — but the cat would have the rare grace of never saying a word too much.

Philip Gilbert Hamerton

たとえ喋ることができたとしても、
ネコは口をきかないだろう。

ナン・ポーター

If cats could talk, they wouldn't.

Nan Porter

犬はおだててくれるが、
ネコはおだててあげなくてはなら
ない。

ジョージ・ミケシュ

A dog will flatter you but you have to flatter
the cat.

George Mikes

一椀のミルクさえ供されると思えば、
ネコは飼われたふりをしてくれる。

ロビン・ウィリアムズ

Cats only pretend to be domesticated if they
think there's a bowl of milk in it for them.

Robin Williams

ネズミを捕り逃がしたネコは、
枯れ葉を追っていたふりをする。

シャーロット・グレイ

Any cat who misses a mouse pretends it was
aiming for the dead leaf.

Charlotte Gray

ネコが人間よりも
幸福である理由のひとつは、
ネコには新聞がないことだ。

　　　　グウェンドリン・ブルックス

One reason cats are happier than people is that
they have no newspapers.

　　　　　　　　　　Gwendolyn Brooks

明(ミン)の壺を割ってしまったとしても、
喉をゴロゴロ鳴らしてごらん。
たいていのことは許されるから。

レニー・ルーベンステイン

Even if you have just destroyed a Ming vase,
purr. Usually all will be forgiven.

Lenny Rubenstein

犬に尊敬されるのも
ネコに見下されるのも、
どちらもいい。

グラディス・テイバー

I love both the way a dog looks up to me and
a cat condescends to me.

Gladys Taber

chapter 6

ネコは「自由」を
教えてくれる

犬が膝に乗ってくるのは親愛のし
るし。
ネコが膝に乗るのは、そこのほう
が温かいから。

アルフレッド・ノース・ホワイトヘッド

If a dog jumps up into your lap, it is because
he is fond of you; but if a cat does the same
thing, it is because your lap is warmer.

Alfred North Whitehead

ネコを飼うコツは
追い払おうとすることだ。

E・W・ハウ

The way to keep a cat is to try to chase it away.

E. W. Howe

ネコはそこに座られたらいちばん
困るという場所を、数学的正確さ
で探り当てる。

パム・ブラウン

Cats can work out mathematically the
exact place to sit that will cause most
inconvenience.

Pam Brown

ネコはドアを開け放しておきた
がる。
心変わりしたときのために。

　　　　ローズマリー・ニスベット

Cats like doors left open—in case they
change their minds.

　　　　　　　　Rosemary Nisbet

彗星はネコに似ている。
どちらも尻尾を持ち、正確に欲す
るがままに行動する。

デイビッド・レビー

Comets are like cats. They have tails, and they
do precisely what they want.

David Levy

ネコは「2本足で立つ動物」にだって従わなくていい術を知っている。

サラ・トンプソン

A cat sees no good reason why it should obey another animal, even if it does stand on two legs.

Sarah Thompson

ネコの首に鈴をかけることが
誰にできようか。

セルバンテス

Who shall hang the bell about the cat's neck?

Cervantes

ネコに革ひもをつないで歩くなんて
ネコの性質にあわない。

アドレイ・スティーブンソン

To escort a cat on a leash is against the nature
of the cat.

Adlai Stevenson

ネコの飼い主なら誰でも知ってい
る通り、ネコを所有することは誰
にもできない。

エレン・ペリー・バークリー

As every cat owner knows, nobody owns a
cat.

Ellen Perry Berkeley

ネコは人になじむのではなく、
土地になじむ。

　　　　　　　　　　ライト・モリス

Cats don't belong to people. They belong to places.

　　　　　　　　　　Wright Morris

ネコは食料と安全と日の当たる
場所の拠り所としてだけ
あなたに関心を持っている。
自立心の強さはネコの魅力だ。

チャールズ・ホートン・クーリー

A cat cares for you only as a source of food,
security, and a place in the sun. Her high self-
sufficiency is her charm.

Charles Horton Cooley

餌をくれるところなら
どこでもネコはくつろぐ。

ドイツのことわざ

Cats are everywhere at home where one feeds
them.

German Proverb

伸びをするだけで富が築けたら、
ネコは金持ちになるだろうに。

アフリカのことわざ

If stretching were wealth, the cat would be rich.

African Proverb

子ネコでとても困った習性は、
何を話しかけても
いつもゴロゴロ喉を鳴らすことだ。

　　　　　ルイス・キャロル

It is a very inconvenient habit of kittens ...
that, whatever you say to them, they always
purr.

　　　　　　　　　　　　　Lewis Carroll

ネコに目隠しをして家に連れてき
てベッドに放り込んだら、
あとは居つくだけだ。

作者不明

Bring a cat home blindfolded and throw it into
the middle of a bed, and it will never leave.

Anonymous

chapter 7

ネコは「誇り」を
思い出させる

あなたがネコの目にかなえば、
ネコは友達になってくれるが、
決して奴隷にはならない。

テオフィール・ゴーチエ

If you are worthy of its affection, a cat will be
your friend, but never your slave.

Théophile Gautier

あなたが自分の立場を忘れない
限り、ネコは親切な主人でいてく
れる。

ポール・グレイ

Cats are kindly masters, just so long as you
remember your place.

Paul Gray

ネコは人間の親友になることは
十分できるが、それを認めるまで
に成り下がったりはしない。

ダグ・ラーソン

The cat could very well be man's best friend
but would never stoop to admitting it.

Doug Larson

大昔、ネコは神と崇められていた
時代があった。
ネコはまだそれを忘れずにいる。

テリー・プラチェット

In ancient times cats were worshipped as
gods; they have not forgotten this.

Terry Pratchett

ネコは生まれも種類も間違いなく
貴族である。

アレクサンドル・デュマ

The cat is truly aristocratic in type and origin.

Alexandre Dumas

犬は食べる。ネコは食する。

アン・テイラー

Dogs eat. Cats dine.

Ann Taylor

犬は飼い主を持ち、ネコはスタッフを持つ。

作者不明

Dogs have owners, cats have staff.

Anonymous

犬は所有できるが、ネコにできる
のは餌をやることだけ。

ジェニー・デ・フリース

You own a dog but you feed a cat.

Jenny De Vries

ペットとして犬はよき友であり、
話が通じる。
ネコもよき友ではあるが、ついぞ
人間の言葉は話さない。

ピーター・ボーチェルト

As a pet, a dog is your good buddy, and he
communicates with you. A cat is your good
buddy too, but he just doesn't speak your
language.

Peter Borchelt

犬は犬、鳥は鳥、ネコは人。

マグズィ・ピーボディ

A dog is a dog, a bird is a bird, and a cat is a
person.

Mugsy Peabody

ネコはわれわれを犬と見なし、
自分を人間と見なしている。

作者不明

A cat sees us as the dog. A cat sees himself as
the human.

Anonymous

もしもネコが木から落ちたら、
家に入ってから笑いなさい。

パトリシア・ヒチコック

If your cat falls out of a tree, go indoors to
laugh.

Patricia Hitchcok

chapter 8

ネコは「人生観」を
問いかける

ネコは話すことを軽蔑している。
言葉がなくても理解し合えるのに
どうして話さなきゃならないのか。

リリアン・ジャクソン・ブラウン

Cats have a contempt for speech. Why should
they talk when they can communicate without
words?

Lillian Jackson Braun

ネコの鳴き声は、核心だけを伝える。

スチュアート・マクミラン

A meow messages the heart.

Stuart McMillan

うちのネコは
決して笑ったり泣いたりしない。
いつも思考中だ。

ミゲル・デ・ウナムーノ

My cat never laughs or cries; he is always
reasoning.

Miguel de Unamuno

座っているネコには
理想的な冷静さが備わっている。

ジュール・ルナール

The ideal of calm exists in a sitting cat.

Jules Renard

ネコは決まって穏やかに寝そべる。

テオクリトス

Cats will always lie soft.

Theocritus

眠っていても
ネコは注意を怠らない。

フレッド・シュワブ

A sleeping cat is ever alert.

Fred Schwab

ミルクがこぼれても
決して泣かない生き物、
それはネコだ。

エヴァン・エサール

A creature that never cries over spilt milk: a
cat.

Evan Esar

ネコはふらりと来ては去るが、
決していなくなることはない。

マーサ・カーティス

Cats come and go without ever leaving.

Martha Curtis

岸が見えていれば、
ネコは溺れない。

フランシス・ベーコン

A cat will never drown if she sees the shore.

Francis Bacon

ネコと遊ぶなら、引っ掻かれることを覚悟しなくてはならない。

セルバンテス

Those who play with cats must expect to be scratched.

Cervantes

天国も天国とは言えまい、
わがネコたちが出迎えてくれない
限り。

作者不明

No heaven will not ever
Heaven be
Unless my cats are there to welcome me.

Anonymous

普通のネコなんていない。

コレット

There are no ordinary cats.

Colette

chapter *9*

ネコは「学び」を
もたらす

もし人間とネコを掛け合わすことができたら、人間は向上するがネコは退化するであろう。

マーク・トゥエイン

If a man could be crossed with the cat, it would improve man but deteriorate the cat.

Mark Twain

ネコの知力は過小評価されている。

ルイス・ウェイン

Intelligence in the cat is underrated.

Louis Wain

ネコは1時間50ドルで診てくれる
精神科医よりも鋭く、あなたの性
格をお見通しである。

ポール・ギャリコ

Cats can read your character better than a $50
an hour psychiatrist.

Paul Gallico

ネコは答えのないパズルだ。

ヘイゼル・ニコルソン

A cat is a puzzle for which there is no solution.

Hazel Nicholson

ネコと女性は同じ日に創られたと
言われている。

ドイツのことわざ

Cats and women are said to have been made
on the same day.

German Proverb

彼女の役目は
座ることと賞賛されること。

ジョージーナ・ストリックランド・ゲーツ

Her function is to sit and be admired.

Georgina Strickland Gates

ネコ属の最小のネコこそ
最高の傑作だ。

レオナルド・ダ・ヴィンチ

The smallest feline is a masterpiece.

Leonard Da Vinci

どちらのほうがより美しいだろう。
ネコの動きか、ネコの静けさか。

エリザベス・ハミルトン

Which is more beautiful—feline movement
or feline stillness?

Elizabeth Hamilton

美学的見地からするとこの世には
ふたつ完璧なものがある。
時計とネコだ。

エミール＝オーギュスト・シャルティエ

Two things are aesthetically perfect in the
world — the clock and the cat.

Emile-August Chartier

ネコは謎めいている。
こちらが感じる以上のことが頭に
よぎっているのだ。

ウォルター・スコット卿

Cats are a mysterious kind of folk. There is
more passing in their minds than we are aware
of.

Sir Walter Scott

ネコは犬より賢い。
犬みたいに８匹のネコをつないで
雪ぞりを引かせることなどできや
しない。

ジェフ・バルディーズ

Cats are smarter than dogs. You can't get eight
cats to pull a sled through snow.

Jeff Valdez

ネコとは、ネズミを愛し、
犬を嫌い、人間を見下す
小型のライオンである。

オリバー・ハーフォード

Cat: A pygmy lion who loves mice, hates
dogs, and patronizes human beings.

Oliver Herford

ネコは人間に言いたいことがある。
ネコは喋ったりしないが、
人間は最後まで聞きたくなくなる
くらい語る。

ジェローム・K・ジェローム

A cat's got her own opinion of human beings.
She don't say much, but you can tell enough to
make you anxious not to hear the whole of it.

Jerome K. Jerome

ネコにも人間と変わらず欠点が
ある。

キングスレー・エイミス

Cats are only human, they have their faults.

Kingsley Amis

ネコはめったに間違いを犯さず、
同じ間違いを二度しない。

カール・ヴァン・ヴェクテン

Cats seldom make mistakes, and they never
make the same mistake twice.

Carl Van Vechten

chapter 10

ネコは「想像力」を
刺激する

ネコは何ものにもまさる劇作家で
ある。

マーガレット・ベンソン

The cat is, above all things, a dramatist.

Margaret Benson

私の口ぐせ。
犬は散文であり、ネコは詩である。

ジーン・バーデン

A dog, I have always said, is prose; a cat is a poem.

Jean Burden

ネコのように謎めいた作品が書け
たらなあ。

エドガー・アラン・ポー

I wish I could write as mysterious as a cat.

Edgar Allan Poe

ネコは果てしなき啓示の連続で
ある。

レスリー・カップ

Cats are endless opportunities for revelation.

Leslie Kapp

芸術家はネコを好み、
兵士は犬を好む。

デズモンド・モリス

Artists like cats; soldiers like dogs.

Desmond Morris

作家はネコを好む。静かで愛らし
く賢い生き物だから。
ネコも作家を好む。まったく同じ
理由で。

ロバートソン・デイビーズ

Authors like cats because they are such quiet,
lovable, wise creatures, and cats like authors
for the same reasons.

Robertson Davies

ネコは地上に舞い降りた精霊だと
信ずる。
ネコは足を踏み外さずに雲の上だ
って歩けるだろう。

ジュール・ヴェルヌ

I believe cats to be spirits come to earth. A
cat, I am sure, could walk on a cloud without
coming through.

Jules Verne

ネコが1匹いると、そこらにもう
1匹、別のネコがいる。

アーネスト・ヘミングウェイ

One cat just leads to another.

Ernest Hemingway

ネコは尻尾で手話をする。

クリーブランド・アモリー

Cats talk with their tails.

Cleveland Amory

ネコの瞳孔（どうこう）が広がったら
雨が降るだろう。

　　　　ウェールズのことわざ

When the pupil of a cat's eye broadens, there
will be rain.

　　　　　　　　Welsh Proverb

ネコの目は時刻を教えてくれる。

中国のことわざ

Cats eyes tell the time of day.

Chinese Proverb

帰り道に黒ネコがついてきたら
幸運がつかめるだろう。

イングランドのことわざ

If a black cat makes its home with you, you
will have good luck.

English Proverb

ネコが育つにつれて、
子ネコになるならいいなあ。

R・スターン

If only cats grew into kittens.

R. Stern

いちばん愚かなネコでさえ、
どんな犬より多くを知っているよ
うだ。

エリナー・クラーク

Even the stupidest cat seems to know more
than any dog.

Eleanor Clark

棚の上のいたるところで眠るネコ
たちは、モーター付きのブックエ
ンドのようだ。

オードリー・トーマス

Cats everywhere asleep on the shelves like
motorized bookends.

Audrey Thomas

chapter 11

ネコは「真理」を
探究させる

つぼみはやがてバラとなり、
子ネコはやがてネコとなる。
残念なことに。

ルイーザ・メイ・オルコット

But buds will be roses, and kittens, cats, —
more's the pity.

Louisa May Alcott

子ネコでいやなのは、
やがてはネコになるところだ。

オグデン・ナッシュ

The trouble with a kitten is that eventually it
becomes a cat.

Ogden Nash

ネコは寝ている時は丸々とし、
歩いている時はスラッとしている。

フレッド・シュワブ

A cat sleeps fat, yet walks thin.

Fred Schwab

すべての物は人間に仕えるために
創られたというドグマを反証する
ために、ネコはこの世に送り込ま
れた。

ポール・グレイ

Cats were put into the world to disprove the
dogma that all things were created to serve
man.

Paul Gray

どんなに親切にしても
ネコから感謝されることはない。

　　　　　　ラ・フォンテーヌ

No favor can win gratitude from a cat.

　　　　　　　　　　La Fontaine

本当のところはネコが家主だ。
ローンを払っているのはこっちだが。

作者不明

It's really a cat's house — we just pay the
mortgage.

Anonymous

ネコの素性や運命すら知りもしないで、哲学者だなんて言えるものか。

ヘンリー・デイビッド・ソーロー

What sort of philosophers are we who know absolutely nothing of the origin and destiny of cats?

Henley David Thoreau

詩人は概してネコが好きだ。
なぜなら詩人は自分が卓越してい
ることに何の迷いもないから。

マリオン・ギャレッティ

Poets generally love cats — because poets
have no delusions about their own superiority.

Marion Garretty

ネコにならない限り
完全にネコの気持ちはわからない。

セント・ジョージ・ジャクソン・ミバート

We cannot, without becoming cats, perfectly
understand the cat mind.

St. George Jackson Mivart

君の視界から奴らが消えたらすぐに、君は奴らの記憶から消え失せる。

　　　　ウォルター・デ・ラ・メア

As soon as they're out of your sight, you are out of their mind.

　　　　　　　Walter De La Mare

耳が聞こえないネコはどこにいても危険だが、
白いネコは背景が雪であるところ以外ではいつも危険だ。

ミュリエル・ビードル

A deaf cat is everywhere in danger, and a white cat is in danger everywhere except against a backdrop of snow.

Muriel Beadle

人がライオンを愛撫する楽しみを
味わえるように、神はネコを創り
たもうた。

フェルナンド・メリー

God made the cat in order that man might
have the pleasure of caressing the lion.

Fernand Mery

著者紹介　晴山陽一

1950年東京都出身。早稲田大学文学部哲学科卒業後、出版社に入り、英語教材編集、経済雑誌の創刊、多数の書籍刊行、ソフト開発などに従事。1997年に独立し、精力的に執筆を続けている。著書は150冊を超えており、日本の英語教育改革に尽力している。著書に『たった100単語の英会話』シリーズをはじめ、『こころ涌き立つ 英語の名言』（小社）、『英単語速習術』（ちくま新書）、『すごい言葉』（文春新書）などがある。2018年に株式会社晴山書店を設立。

イラストレーター紹介　おかやまたかとし

大阪市出身、京都府在住。京都精華大学マンガ学部卒業後、フリーのイラストレーターとして活動開始。2013年株式会社データクリエイションを設立。代表取締役就任。2021年 TIS公募入選。書籍・雑誌の挿絵、似顔絵の制作を中心に活動中。水彩絵の具やカラーインクの重なりやテクスチャを生かしたイラストや、デジタルでも手描き感を大切にしたイラストを得意としている。
Twitter　@410okayama

デザイン　田中彩里
編集協力　大嶋敦子

幸せを語るネコ

2021年12月25日　第1刷

著　者　　晴山陽一

発行者　　小澤源太郎

責任編集　　株式会社プライム涌光

電話　編集部　03(3203)2850

発行所　　株式会社青春出版社

東京都新宿区若松町12番1号〒162-0056
振替番号　00190-7-98602
電話　営業部　03(3207)1916

印刷・大日本印刷　　製本・ナショナル製本

万一、落丁、乱丁がありました節は、お取りかえします

ISBN978-4-413-11370-0 C0030